EXAMEN DE CIUDADANIA AMERICANA SECCIÓN DE ESCRITURA VERSIÓN EN ESPAÑOL

Forma rápida y fácil de prepararse para la sección de escritura de la examen de ciudadania americana

Angelo Tropea

ISBN: 9798667134589

"Success is dependent on effort."

- Sophocles (famous Greek philosopher)

Cover image: Fotolia

<u>Contenido</u>

Tres partes del examen de ciudadanía | 1

La parte escrita del Examen de Ciudadanía de los Estados Unidos es una de las 3 partes que debe aprobar para convertirse en ciudadano estadounidense.

Parte 1. Cívica (Historia, Gobierno y Geografía)

En la entrevista de ciudadanía, se le harán hasta 10 preguntas de las 100 preguntas oficiales.

Para aprobar esta parte del examen, debe responder correctamente al menos 6 de las preguntas.

Las otras dos partes del examen implican mostrar cierta habilidad básica en lectura y escritura en inglés. En este libro, cubriremos el EXAMEN DE ESCRITURA.

Parte 2. Lectura en inglés

Se le pedirá que lea tres (3) oraciones que contengan las palabras oficiales (menos de 100).

Para pasar esta sección de lectura, debe leer una oración de las tres oraciones de una manera que sugiera al oficial de USCIS que parece entender el significado de la oración.

La tercera parte del examen es la <u>PARTE DE ESCRITURA</u>.

Esta es la parte que practicaremos con este libro de trabajo.

Parte 3. <u>ESCRITURA EN INGLÉS</u>

Durante la entrevista de ciudadanía, se le pedirá que escriba tres (3) oraciones que contengan palabras oficiales.

Hay menos de 100 palabras.

Todas las palabras se enumeran en este libro.

Para pasar la sección de escritura, debe escribir una oración de una manera que sea comprensible para el oficial de USCIS.

Cómo superar el nerviosismo | 2

PRIMERO, MANTENTE TRANQUILO

Si el inglés no es su lengua materna, el examen de escritura puede parecer difícil. <u>Esto es especialmente cierto si su idioma nativo usa un alfabeto con caracteres diferentes al inglés.</u>

NO TE PREOCUPES.
ESTE LIBRO HA SIDO PREPARADO
¡ESPECIALMENTE PARA USTED!

Si se siente ansioso por tomar la parte escrita de la prueba de naturalización, debe sentirse tranquilo al saber que no está solo en experimentar tales sentimientos.

Muchas personas, incluyéndome a mí, que han realizado con éxito muchos exámenes diferentes todavía se sienten ansiosas antes del próximo examen. Preguntas como "¿Practiqué lo suficiente?" o "¿Algo va a suceder de repente que me haga fallar?" o "¿Voy a estar tan nervioso que mi mente se quede en blanco?" - y quizás lo más aterrador de todo, "¿Qué van a decir todos si fallo?"

Podemos mejorar nuestra situación enormemente y reducir nuestra ansiedad preparándonos tanto como podamos antes de la prueba. Por ejemplo, para la parte escrita de la prueba, debemos prepararnos con este libro y no tener miedo de pedir ayuda a un amigo o pariente. Deberíamos reemplazar los pensamientos negativos con pensamientos de éxito y con la práctica diaria.

Aunque la sección de escritura puede parecer difícil para alguien que no nació en los Estados Unidos, las palabras son pocas y muy fáciles de estudiar. En este libro estudiaremos cada palabra de una en una para que le resulte fácil practicarlas y recordarlas.

<table>
<tr><td align="center"><h1>PALABRAS OFICIALES</h1></td><td align="center"><h2>3</h2></td></tr>
</table>

Estas son las palabras que debemos saber escribir:

<u>**PERSONAS**</u> (3 apellidos de presidentes estadounidenses famosos)
Adams
Lincoln
Washington

<u>**PALABRAS CÍVICAS**</u> (palabras que tienen que ver con los derechos y deberes de la ciudadanía y la historia estadounidense)	
American Indians	free
capital	freedom of speech
citizens	President
Civil War	Right
Congress	Senators
Father of Our Country	State / States
flag	White House

LUGARES
(Estados y ciudades estadounidenses)

Alaska	New York City
California	United States
Canada	Washington *(a state, or President Washington)*
Delaware	
Mexico	Washington, D.C. *(city)*

MESES
(7 de los 12 meses del año)

February	September
May	October
June	November
July	

VERBOS
(palabras que tienen que ver con alguna acción)

can	lives / lived
come	meets
elect	pay
have / has	vote
is / was / be	want

DÍAS FESTIVOS (7 vacaciones de Estados Unidos)	
Presidents' Day Memorial Day Flag Day Independence Day	Labor Day Columbus Day Thanksgiving

OTRAS PALABRAS (25 palabras fáciles)	
and during for here in of on the to we blue dollar bill fifty / 50	first largest most north one one hundred / 100 people red second south taxes white

<table>
<tr><td>

COMO PRACTICAR ESCRIBIR LAS PALABRAS OFICIALES

</td><td>

4

</td></tr>
</table>

Primero, mire las palabras oficiales que figuran en las páginas 8-10. Si el inglés no es su idioma nativo o si su idioma nativo usa símbolos diferentes, practique escribir las palabras hasta que se sienta cómodo escribiéndolas. Se incluyen ejemplos de cómo escribir todas las palabras (en forma impresa y manuscrita para cada palabra).

<u>COMO PRACTICAR</u>

1. Haga que un amigo o familiar le lea las palabras oficiales.
2. En una hoja de papel, escriba las palabras.
3. Verifique si escribió las palabras correctamente.

*

1. Haga que un amigo o pariente te lea cada oración.
2. En una hoja de papel, escriba la oración.
3. Compruebe si deletreaste cada palabra correctamente.

Cuanto más practiques, más fácil será.

SI UN AMIGO O UN RELATIVO NO ESTÁ DISPONIBLE PARA LEER LAS PALABRAS, UTILICE NUESTRO VIDEO EN YOUTUBE QUE LE LEERÁ LAS PALABRAS Y LAS SENTENCIAS PARA QUE PUEDA PRACTICARLAS.

ESTE VIDEO ESTÁ EN:

https://www.youtube.com/watch?v=P7lFvKYUbM4

¡Este video ha sido visto más de 238,000 veces!

Las lecciones en este libro son las mismas que en el video de YouTube.

¡Buena suerte!

<table>
<tr><td><h1>PRACTIQUEMOS ESCRIBIR PALABRAS Y ORACIONES</h1></td><td><h1>5</h1></td></tr>
</table>

Durante la entrevista de naturalización, se espera que escriba correctamente al menos una de las tres oraciones que será pronunciada por el entrevistador. Cada oración contendrá algunas de las 82 palabras y frases que están en la lista oficial de palabras que debe conocer.

Practicaremos escribir las palabras y luego escribir oraciones que se componen solo de palabras que están en la lista oficial.

Las primeras tres palabras en la lista son los apellidos de tres estadounidenses:

1. Adams

2. Lincoln

3. Washington

Cada uno de ellos era presidente de los Estados Unidos.

Las siguientes tres oraciones (que practicaremos después de practicar las palabras) están formadas por los tres nombres y otras 7 palabras que están en la lista oficial:

1. Adams was the second President of the United States.

2. Lincoln was President during the Civil War.

3. Washington was the first President of the United States.

Las 10 palabras oficiales que componen las 3 oraciones son:

1. Adams	6. United States
2. Lincoln	7. was
3. Washington	8. during
4. Civil War	9. of
5. President	10. the

Primero practicaremos escribir cada palabra, y luego practicaremos escribir las 3 oraciones.

Listo?

<u>Adams</u>

La primera palabra es **<u>Adams</u>**. Mire la palabra e intente memorizar la ortografía: **<u>A d a m s</u>**.

En una hoja de papel, por favor escriba la palabra **<u>Adams</u>**.

Ejemplos de ortografía correcta para <u>Adams</u> - en forma impresa y manuscrita están en la página siguiente.

Adams

Adams

Adams

Esta es la ortografía correcta de <u>Adams</u>: en forma impresa y manuscrita.

<u>Lincoln</u>

La siguiente palabra es **<u>Lincoln</u>**. Mire la palabra e intente memorizar la ortografía: **L i n c o l n.**

En una hoja de papel, por favor escriba la palabra **<u>Lincoln</u>**.

Ejemplos de ortografía correcta para <u>Lincoln</u> - en forma impresa y manuscrita están en la página siguiente.

Lincoln

Lincoln

Lincoln

Esta es la ortografía correcta de <u>Lincoln</u> en forma impresa y manuscrita.

<u>Washington</u>

La siguiente palabra es **<u>Washington</u>**. Mire la palabra e intente memorizar la ortografía: **W a s h i n g t o n.**

En una hoja de papel, por favor escriba la palabra **<u>Washington</u>**.

Ejemplos de ortografía correcta para <u>Washington</u> - en forma impresa y manuscrita están en la página siguiente.

Washington

Washington

Washington

Esta es la ortografía correcta de <u>Washington</u> en forma impresa y manuscrita.

Civil War

Las siguientes palabras son **Civil War**. Mire las palabras e intente memorizar la ortografía: **C i v i l   W a r.**

En una hoja de papel, por favor escriba las palabras **Civil War**.

President

La siguiente palabra es **President**. Mire la palabra e intente memorizar la ortografía: **P r e s i d e n t.**

En una hoja de papel, por favor escriba la palabra **President**.

United States

Las siguientes palabras son **United States**. Mire las palabras e intente memorizar la ortografía: **U n i t e d   S t a t e s.**

En una hoja de papel, por favor escriba las palabras **United States**.

was

La siguiente palabra es **was**. Mire la palabra e intente memorizar la ortografía: **w a s.**

En una hoja de papel, por favor escriba la palabra **was**.

Los ejemplos correctos están en la página siguiente.

<u>Civil War</u>

Civil War

Civil War

<u>President</u>

President

President

<u>United States</u>

United States

United States

<u>was</u>

was

was

during

La siguiente palabra es **during**. Mire la palabra e intente memorizar la ortografía: **d u r i n g**.

En una hoja de papel, por favor escriba la palabra **during**.

of

La siguiente palabra es **of**. Mire la palabra e intente memorizar la ortografía: **o f**.

En una hoja de papel, por favor escriba la palabra **of**.

the

La siguiente palabra es **the**. Mire la palabra e intente memorizar la ortografía: **t h e**.

En una hoja de papel, por favor escriba la palabra **the**.

Ahora practicaremos escribiendo tres oraciones que se componen de las 10 palabras que acabamos de revisar.

La primera oración es la siguiente:

Adams was the second president of the United States.

Mire la oración e intente memorizar la ortografía de la oración.

En una hoja de papel, por favor escriba la oración.

Los ejemplos correctos están en la página siguiente.

during

during

during

of

of

of

the

the

the

Adams was the second
President of the United States.

Adams was the second
President of the United States.

*Adams was the second
President of the United States.*

<u>Lincoln was President during the Civil War.</u>

Mire la oración anterior e intente memorizar la ortografía de la oración.
En una hoja de papel, por favor escriba la oración.

<u>Washington was the first President of the United States.</u>

Mire la oración anterior e intente memorizar la ortografía de la oración.
En una hoja de papel, por favor escriba la oración.

Las siguientes 10 palabras son:	
1. Congress	6. can
2. is	7. vote
3. in	8. people
4. Washington, D.C.	9. have
5. American Indians	10. freedom of speech

<u>Congress</u>

La siguiente palabra es **<u>Congress</u>**. Mire la palabra e intente memorizar la ortografía: **<u>C o n g r e s s</u>**.

En una hoja de papel, por favor escriba la palabra **<u>Congress</u>**.

<u>is</u>

La siguiente palabra es **<u>is</u>**. Mire la palabra e intente memorizar la ortografía: **<u>i s</u>**.

En una hoja de papel, por favor escriba la palabra **<u>is</u>**.

Los ejemplos correctos están en la página siguiente.

Lincoln was President during the
Civil War.

Lincoln was President during
the Civil War.

Lincoln was President during
the Civil War.

Washington was the first
President of the United States.

Washington was the first
President of the United States.

Washington was the first
President of the United states.

Congress

Congress

Congress

is

is

is

in

La siguiente palabra es **in**. Mire la palabra e intente memorizar la ortografía: **i n**.

En una hoja de papel, por favor escriba la palabra **in**.

Washington, D.C.

Las siguientes palabras son **Washington, D.C.** Mire las palabras e intente memorizar la ortografía: **W a s h i n g t o n, D.C.**

En una hoja de papel, por favor escriba las palabras **Washington D.C.**

American Indians

Las siguientes palabras son **American Indians.** Mire las palabras e intente memorizar la ortografía **A m e r i c a n I n d i a n s.**

En una hoja de papel, por favor escriba las palabras **American Indians.**

can

La siguiente palabra es **can**. Mire la palabra e intente memorizar la ortografía: **c a n**.

En una hoja de papel, por favor escriba la palabra **can**.

Los ejemplos correctos están en la página siguiente.

in	Washington, D. C.
in	Washington, D.C.
in	Washington, D.C.

American Indians	can
American Indians	can
American Indians	can

<u>vote</u>

La siguiente palabra es **<u>vote</u>**. Mire la palabra e intente memorizar la ortografía: **<u>v o t e</u>.**

En una hoja de papel, por favor escriba la palabra **<u>vote</u>**.

<u>people</u>

La siguiente palabra es **<u>people</u>**. Mire la palabra e intente memorizar la ortografía: **<u>p e o p l e</u>.**

En una hoja de papel, por favor escriba la palabra **<u>people</u>**.

<u>have</u>

La siguiente palabra es **<u>have</u>**. Mire la palabra e intente memorizar la ortografía: **<u>h a v e</u>.**

En una hoja de papel, por favor escriba la palabra **<u>have</u>**.

<u>freedom of speech</u>

Las siguientes palabras son **<u>freedom of speech</u>**. Mire las palabras e intente memorizar la ortografía: **<u>f r e e d o m o f s p e e c h</u>.**

En una hoja de papel, por favor escriba las palabras **<u>freedom of speech</u>**.

Los ejemplos correctos están en la página siguiente.

<u>vote</u>

vote

vote

<u>people</u>

people

people

<u>have</u>

have

have

<u>freedom of speech</u>

freedom of speech

freedom of speech

Ahora practicaremos escribiendo tres oraciones que se componen de las 10 palabras que acabamos de revisar.

La primera oración es la siguiente:

Congress is in Washington, D.C.

Mire la oración anterior e intente memorizar la ortografía de la oración.
En una hoja de papel, por favor escriba la oración.

American Indians can vote.

Mire la oración anterior e intente memorizar la ortografía de la oración,
En una hoja de papel, por favor escriba la oración.

People have freedom of speech.

Mire la oración anterior e intente memorizar la ortografía de la oración:
En una hoja de papel, por favor escriba la oración.

Las siguientes 11 palabras oficiales son:	
1. Canada	6. citizens
2. North	7. want
3. has	8. to
4. one hundred / 100	9. and
5. Senators	10. Presidents' Day
	11. February

Canada

La siguiente palabra es **Canada**. Mire la palabra e intente memorizar la ortografía: **C a n a d a.**

En una hoja de papel, por favor escriba la palabra **Canada**.

<u>Congress is in
Washington, D.C.</u>

Congress is in
Washington, D.C.

Congress is in
Washington, D.C.

<u>American Indians can vote.</u>

American Indians can vote.

American Indians can vote.
American Indians can vote.

<u>People have freedom
of speech.</u>

People have freedom
of speech.

People have freedom
of speech.

<u>Canada</u>

Canada

Canada

north

La siguiente palabra es **north**. Mire la palabra e intente memorizar la ortografía: **n o r t h.**

En una hoja de papel, por favor escriba la palabra **north**.

has

La siguiente palabra es **has**. Mire la palabra e intente memorizar la ortografía: **h a s.**

En una hoja de papel, por favor escriba la palabra **has**.

one hundred / 100

Las siguientes palabras son **one hundred**. Mire las palabras e intente memorizar la ortografía: **o n e   h u n d r e d.**

En una hoja de papel, por favor escriba las palabras **one hundred**.

Senators

La siguiente palabra es **Senators**. Mire la palabra e intente memorizar la ortografía: **S e n a t o r s.**

En una hoja de papel, por favor escriba la palabra **Senators**.

Los ejemplos correctos están en la página siguiente.

<u>north</u>

north

north

<u>has</u>

has

has

<u>one hundred/100</u>

one hundred/100

one hundred/100

<u>Senators</u>

Senators

Senators

<u>citizens</u>

La siguiente palabra es <u>**citizens**</u>. Mire la palabra e intente memorizar la ortografía: <u>**c i t i z e n s.**</u>

En una hoja de papel, por favor escriba la palabra <u>**citizens**</u>.

<u>want</u>

La siguiente palabra es <u>**want**</u>. Mire la palabra e intente memorizar la ortografía: <u>**w a n t.**</u>

En una hoja de papel, por favor escriba la palabra <u>**want**</u>.

<u>to</u>

La siguiente palabra es <u>**to**</u>. Mire la palabra e intente memorizar la ortografía: <u>**t o.**</u>

En una hoja de papel, por favor escriba la palabra <u>**to**</u>.

<u>and</u>

La siguiente palabra es <u>**and**</u>. Mire la palabra e intente memorizar la ortografía: <u>**a n d.**</u>

En una hoja de papel, por favor escriba la palabra <u>**and**</u>.

<u>citizens</u>

citizens

citizens

<u>want</u>

want

want

<u>to</u>

to

to

<u>and</u>

and

and

February

La siguiente palabra es **February**. Mire la palabra e intente memorizar la ortografía: **F e b r u a r y**.

En una hoja de papel, por favor escriba la palabra **February**.

Ahora practicaremos escribiendo tres oraciones que se componen de las 10 palabras que acabamos de revisar.

La primera oración es la siguiente:

Canada is in the north.

La siguiente oración es **Canada is in the north**. Mire las palabras e intente memorizar la ortografía: **C a n a d a i s i n t h e n o r t h**.

En una hoja de papel, por favor escriba la oración **Canada is in the north**.

Congress has one hundred / 100 Senators.

La siguiente oración es **Congress has one hundred / 100 Senators**.

Mire las palabras e intente memorizar la ortografía:
C o n g r e s s h a s o n e h u n d r e d / 100 S e n a t o r s.

En una hoja de papel, por favor escriba la oración **Congress has one hundred / 100 Senators**.

Citizens want to vote and be free.

La siguiente oración es **Citizens want to vote and be free**. Mire las palabras e intente memorizar la ortografía: **C i t i z e n s w a n t t o v o t e a n d b e f r e e**.

En una hoja de papel, por favor escriba la oración **Citizens want to vote and be free**.

February

February

February

Canada is in the north.

Canada is in the north.

Canada is in the north.

Congress has one hundred/100 Senators.

Congress has one hundred/100 Senators.

Congress has one hundred/100 Senators.

Citizens want to vote and be free.

Citizens want to vote and be free.

Citizens want to vote and be free.

Presidents' Day is in February.

La siguiente oración es **Presidents' Day is in February.** Mire las palabras e intente memorizar la ortografía: **P r e s i d e n t s' D a y is in February.**

En una hoja de papel, por favor escriba la oración **Presidents' Day is in February.**

Las siguientes 10 palabras son:	
1. Father of Our Country	6. Flag Day
2. Memorial Day	7. June
3. May	8. White House
4. Independence Day	9. fifty/ 50
5. July	10. states

Father of Our Country

Las siguientes palabras son **Father of Our Country.** Mire las palabras e intente memorizar la ortografía: **F a t h e r o f O u r C o u n t r y.**

En una hoja de papel, por favor escriba las palabras **Father of Our Country.**

Memorial Day

Las siguientes palabras son **Memorial Day.** Mire las palabras e intente memorizar la ortografía: **M e m o r i a l D a y.**

En una hoja de papel, por favor escriba las palabras **Memorial Day.**

May

La siguiente palabra es **May.** Mire la palabra e intente memorizar la ortografía: **M a y.**

En una hoja de papel, por favor escriba la palabra **May.**

President's Day is in February.

President's Day is in February.

President's Day is in February.

Father of Our Country

Father of Our Country

Father of Our Country

Memorial Day

Memorial Day

Memorial Day

May

May

May

Independence Day

Las siguientes palabras son **Independence Day**. Mire las palabras e intente memorizar la ortografía: **I n d e p e n d e n c e D a y**.

En una hoja de papel, por favor escriba las palabras **Independence Day**.

July

La siguiente palabra es **July**. Mire la palabra e intente memorizar la ortografía: **J u l y**.

En una hoja de papel, por favor escriba la palabra **July**.

Flag Day

Las siguientes palabras son **Flag Day**. Mire las palabras e intente memorizar la ortografía: **F l a g D a y**.

En una hoja de papel, por favor escriba las palabras **Flag Day**.

June

La siguiente palabra es **June**. Mire la palabra e intente memorizar la ortografía: **J u n e**.

En una hoja de papel, por favor escriba la palabra **June**.

<u>Independence Day</u>

Independence Day

Independence Day

<u>July</u>

July

July

<u>Flag Day</u>

Flag Day

Flag Day

<u>June</u>

June

June

White House

Las siguientes palabras son **White House**. Mire las palabras e intente memorizar la ortografía: **W h i t e H o u s e.**

En una hoja de papel, por favor escriba las palabras **White House**.

fifty / 50

La siguiente palabra es **fifty / 50**. Mire la palabra e intente memorizar la ortografía: **f i f ty / 50.**

En una hoja de papel, por favor escriba la palabra **fifty / 50**.

states

La siguiente palabra es **states**. Mire la palabra e intente memorizar la ortografía: **s t a t e s.**

En una hoja de papel, por favor escriba la palabra **states**.

Ahora practicaremos escribir tres oraciones que se componen de las 10 palabras que acabamos de revisar.

La primera oración es la siguiente:

Washington is the Father of Our Country.

La siguiente oración es **Washington is the Father of Our Country**. Mire las palabras e intente memorizar la ortografía:
W a s h i n g t o n i s t h e F a t h e r o f O u r C o u n t r y.

En una hoja de papel, por favor escriba la oración **Washington is the Father of Our Country**.

White House

White House

White House

fifty/50

fifty/50

fifty/50

states

states

states

Washington is the
Father of Our Country.

Washington is the
Father of Our Country

Washington is the
Father of Our Country.

Memorial Day is in May

La siguiente oración es **Memorial Day is in May**. Mire las palabras e intente memorizar la ortografía: **M e m o r i a l   D a y   is   i n   M a y.**

En una hoja de papel, por favor escriba la oración **Memorial Day is in May**.

Independence Day is in July.

La siguiente oración es **Independence Day is in July**. Mire las palabras e intente memorizar la ortografía:
I n d e p e n d e n c e   D a y   i s   i n   J u l y.

En una hoja de papel, por favor escriba la oración **Independence Day is in July**.

Flag Day is in June.

La siguiente oración es **Flag Day is in June**. Mire las palabras e intente memorizar la ortografía **F l a g   D a y   i s   i n J u n e.**

En una hoja de papel, por favor escriba la oración **Flag Day is in June**.

The White House is in Washington, D.C.

La siguiente oración es **The White House is in Washington, D.C.** Mire las palabras e intente memorizar la ortografía: **T h e   W h i t e   H o u s e   i s   i n   W a s h i n g t o n, D. C.**

En una hoja de papel, por favor escriba la oración **The White House is in Washington, D.C.**

Memorial Day is in May.

Memorial Day is in May.

Memorial Day is in May.

Independence Day is in July.

Independence Day is in July.

Independence Day is in July.

Flag Day is in June.

Flag Day is in June.

Flag Day is in June.

The White House is in
Washington, D.C.

The White House is in
Washington D.C.

The White House is in
Washington, D.C.

The United States has fifty / 50 states.

La siguiente oración es **The United States has fifty / 50 states.** Mire las palabras e intente memorizar la ortografía:
The United States has fifty/50states.

En una hoja de papel, por favor escriba la oración **The United States has fifty / 50 states.**

Las siguientes 10 palabras son:	
1. Labor Day	6. New York City
2. September	7. flag
3. Alaska	8. red
4. California	9. white
5. Delaware	10. blue

Labor Day

Las siguientes palabras son **Labor Day.** Mire las palabras e intente memorizar la ortografía: **L a b o r D a y.**

En una hoja de papel, por favor escriba las palabras **Labor Day.**

September

La siguiente palabra es **September.** Mire la palabra e intente memorizar la ortografía: **S e p t e m b e r.**

En una hoja de papel, por favor escriba la palabra **September.**

Alaska

La siguiente palabra es **Alaska.** Mire la palabra e intente memorizar la ortografía: **A l a s k a.**

En una hoja de papel, por favor escriba la palabra **Alaska.**

<u>The United States has fifty/50 states.</u>

The United States has
fifty/50 states.

The United States has
fifty/50 states.

<u>Labor Day</u>

Labor Day

Labor Day

<u>September</u>

September

September

<u>Alaska</u>

Alaska

Alaska

California

La siguiente palabra es **California**. Mire la palabra e intente memorizar la ortografía: **C a l i f o r n i a.**

En una hoja de papel, por favor escriba la palabra **California**.

Delaware

La siguiente palabra es **Delaware**. Mire la palabra e intente memorizar la ortografía: **D e l a w a r e.**

En una hoja de papel, por favor escriba la palabra **Delaware**.

New York City

Las siguientes palabras son **New York City**. Mire las palabras e intente memorizar la ortografía: **N e w   Y o r k   C i t y.**

En una hoja de papel, por favor escriba las palabras **New York City**.

flag

La siguiente palabra es **flag**. Mire la palabra e intente memorizar la ortografía: **f l a g.**

En una hoja de papel, por favor escriba la palabra **flag**.

California

California

California

Delaware

Delaware

Delaware

New York City

New York City

New York City

flag

flag

flag

red

La siguiente palabra es **red**. Mire la palabra e intente memorizar la ortografía: **r e d**.

En una hoja de papel, por favor escriba la palabra **red**.

white

La siguiente palabra es **white**. Mire la palabra e intente memorizar la ortografía: **w h i t e**.

En una hoja de papel, por favor escriba la palabra **white**.

blue

La siguiente palabra es **blue**. Mire la palabra e intente memorizar la ortografía: **blue**.

En una hoja de papel, por favor escriba la palabra **blue**.

Ahora practicaremos escribir cuatro oraciones que se componen de las 10 palabras que acabamos de revisar.

La primera oración es la siguiente:

Labor Day is in September.

La oración es **Labor Day is in September**. Mire las palabras e intente memorizar la ortografía:
L a b o r D a y i s i n S e p t e m b e r.

En una hoja de papel, por favor escriba la oración **Labor Day is in September**.

<u>red</u>

red

red

<u>white</u>

white

white

<u>blue</u>

blue

blue

<u>Labor Day is in September.</u>

Labor Day is in September.

Labor Day is in September.

Alaska is north of California.

La siguiente oración es **Alaska is north of California.** Mire las palabras e intente memorizar la ortografía: **A l a s k a   i s   n o r t h   o f   C a l i f o r n i a.**

En una hoja de papel, por favor escriba la oración **Alaska is north of California.**

Delaware is South of New York City.

La siguiente oración es **Delaware is south of New York City.** Mire las palabras e intente memorizar la ortografía: **D e l a w a r e   i s   s o u t h   o f   N e w   Y o r k   C i t y.**

En una hoja de papel, por favor escriba la oración **Delaware is south of New York City.**

The flag is red, white and blue.

La siguiente oración es **The flag is red, white and blue.** Mire las palabras e intente memorizar la ortografía: **T h e   f l a g   i s   r e d,   w h i t e   a n d   b l u e.**

En una hoja de papel, por favor escriba la oración **The flag is red, white and blue.**

Las siguientes 10 palabras son:	
1. lives	6. Columbus Day
2. lived	7. October
3. we	8. on
4. pay	9. one
5. taxes	10. dollar bill

Alaska is north of California.

Delaware is south of
New York City.

Alaska is north of California.

Alaska is north of California.

Delaware is south of
New York City.

Delaware is south of
New York City.

The flag is red, white,
and blue.

The flag is red, white
and blue.

The flag is red, white
and blue.

lives

La siguiente palabra es **lives**. Mire la palabra e intente memorizar la ortografía: **l i v e s.**

En una hoja de papel, por favor escriba la palabra **lives**.

lived

La siguiente palabra es **lived**. Mire la palabra e intente memorizar la ortografía: **l i v e d.**

En una hoja de papel, por favor escriba la palabra **lived**.

we

La siguiente palabra es **we**. Mire la palabra e intente memorizar la ortografía: **w e.**

En una hoja de papel, por favor escriba la palabra **we**.

pay

La siguiente palabra es **pay**. Mire la palabra e intente memorizar la ortografía: **p a y.**

En una hoja de papel, por favor escriba la palabra **pay**.

lives

lives

lives

lived

lived

lived

we

we

we

pay

pay

pay

taxes

La siguiente palabra es **taxes**. Mire la palabra e intente memorizar la ortografía: **t a x e s.**

En una hoja de papel, por favor escriba la palabra **taxes**.

Columbus Day

Las siguientes palabras son **Columbus Day**. Mire las palabras e intente memorizar la ortografía: **C o l u m b u s D a y.**

En una hoja de papel, por favor escriba las palabras **Columbus Day**.

October

La siguiente palabra es **October**. Mire la palabra e intente memorizar la ortografía: **O c t o b e r.**

En una hoja de papel, por favor escriba la palabra **October**.

on

La siguiente palabra es **on**. Mire la palabra e intente memorizar la ortografía: **o n.**

En una hoja de papel, por favor escriba la palabra **on**.

taxes

taxes

taxes

Columbus Day

Columbus Day

Columbus Day

October

October

October

on

on

on

<u>one</u>

La siguiente palabra es <u>**one**</u>. Mire la palabra e intente memorizar la ortografía: <u>**o n e**</u>.

En una hoja de papel, por favor escriba la palabra <u>**one**</u>.

<u>dollar bill</u>

Las siguientes palabras son <u>**dollar bill**</u>. Mire las palabras e intente memorizar la ortografía: <u>**d o l l a r b i l l**</u>.

En una hoja de papel, por favor escriba las palabras <u>**dollar bill**</u>.

Ahora practicaremos escribir cinco oraciones que se componen de las 10 palabras que acabamos de revisar.

<u>The President lives in the White House</u>.

La primera oración es <u>**The President lives in the White House.**</u>
Mire las palabras e intente memorizar la ortografía:
<u>**The President lives in the White House.**</u>

En una hoja de papel, por favor escriba la oración
<u>**The President lives in the White House.**</u>

<u>Washington lived in Washington, D.C.</u>

La siguiente oración es <u>**Washington lived in Washington D.C.**</u>
Mire las palabras e intente memorizar la ortografía:
<u>**Washington lived in Washington D.C.**</u>

En una hoja de papel, por favor escriba la oración
<u>**Washington lived in Washington D.C.**</u>

<u>one</u>

one

one

<u>dollar bill</u>

dollar bill

dollar bill

<u>The President lives in
the White House.</u>

The President lives in
the White House.

*The President lives in
the White House.*

<u>Washington lived in
Washington, D.C.</u>

Washington lived in
Washington, D.C.

*Washington lived in
Washington, D.C.*

<u>**We pay taxes.**</u>

La siguiente oración es <u>**We pay taxes.**</u>
Mire las palabras e intente memorizar la ortografía:
<u>**We pay taxes.**</u>

En una hoja de papel, por favor escriba la oración <u>**We pay taxes.**</u>

<u>**Columbus Day is in October.**</u>

La siguiente oración es <u>**Columbus Day is in October.**</u>
Mire las palabras e intente memorizar la ortografía:
<u>**Columbus Day is in October.**</u>

En una hoja de papel, por favor escriba la oración
<u>**Columbus Day is in October**</u>.

<u>**Washington is on the one dollar bill.**</u>

La siguiente oración es <u>**Washington is on the one dollar bill.**</u>
Mire las palabras e intente memorizar la ortografía:
<u>**Washington is on the one dollar bill.**</u>

En una hoja de papel, por favor escriba la oración
<u>**Washington is on the one dollar bill.**</u>

<u>**Las siguientes 13 palabras son:**</u>	
1. largest	8. most
2. Thanksgiving	9. Mexico
3. November	10. here
4. meets	11. for
5. elect	12. and
6. capital	13. come
7. right	

We pay taxes.

Columbus Day is in October.

We pay taxes

We pay taxes.

Columbus Day is in October.

Columbus Day is in October.

Washington is on the one
dollar bill.

Washington is on the one
dollar bill.

Washington is on the one
dollar bill.

largest

La siguiente palabra es **largest**.
Mire la palabra e intente memorizar la ortografía: **l a r g e s t**.

En una hoja de papel, por favor escriba la palabra **largest**.

Thanksgiving

La siguiente palabra es **Thanksgiving**.
Mire la palabra e intente memorizar la ortografía:
T h a n k s g i v i n g.

En una hoja de papel, por favor escriba la palabra **Thanksgiving**.

November

La siguiente palabra es **November**.
Mire la palabra e intente memorizar la ortografía:
N o v e m b e r.

En una hoja de papel, por favor escriba la palabra **November**.

meets

La siguiente palabra es **meets**.
Mire la palabra e intente memorizar la ortografía: **m e e t s**.

En una hoja de papel, por favor escriba la palabra **meets**.

<u>largest</u>

largest

largest

<u>Thanksgiving</u>

Thanksgiving

Thanksgiving

<u>November</u>

November

November

<u>meets</u>

meets

meets

elect

La siguiente palabra es **elect**.
Mire la palabra e intente memorizar la ortografía: **e l e c t**.

En una hoja de papel, por favor escriba la palabra **elect**.

capital

La siguiente palabra es **capital**.
Mire la palabra e intente memorizar la ortografía: **c a p i t a l**.

En una hoja de papel, por favor escriba la palabra **capital**.

right

La siguiente palabra es **right**.
Mire la palabra e intente memorizar la ortografía: **r i g h t**.

En una hoja de papel, por favor escriba la palabra **right**.

most

La siguiente palabra es **most**.
Mire la palabra e intente memorizar la ortografía: **m o s t**.

En una hoja de papel, por favor escriba la palabra **most**.

elect

_______ elect _______

_______ elect _______

capital

_______ capital _______

_______ capital _______

right

_______ right _______

_______ right _______

most

_______ most _______

_______ most _______

Mexico

La siguiente palabra es **Mexico**.
Mire la palabra e intente memorizar la ortografía: **M e x i c o.**

En una hoja de papel, por favor escriba la palabra **Mexico**.

here

La siguiente palabra es **here**.
Mire la palabra e intente memorizar la ortografía: **h e r e.**

En una hoja de papel, por favor escriba la palabra **here**.

for

La siguiente palabra es **for**.
Mire la palabra e intente memorizar la ortografía: **f o r.**

En una hoja de papel, por favor escriba la palabra **for**.

and

La siguiente palabra es **and**.
Mire la palabra e intente memorizar la ortografía: **a n d.**

En una hoja de papel, por favor escriba la palabra **and**.

<u>Mexico</u>

Mexico

Mexico

<u>here</u>

here

here

<u>for</u>

for

for

<u>and</u>

and

and

<u>come</u>

La siguiente palabra es <u>**come**</u>.
Mire la palabra e intente memorizar la ortografía: <u>**c o m e**</u>.

En una hoja de papel, por favor escriba la palabra <u>**come**</u>.

Ahora practiquemos escribir once oraciones que se componen de las 13 palabras que acabamos de revisar.

<u>Alaska is the largest state.</u>

La primera oración es <u>**Alaska is the largest state**</u>.
Mire las palabras e intente memorizar la ortografía:
<u>**A l a s k a   i s   t h e   l a r g e s t   s t a t e**</u>.

En una hoja de papel, por favor escriba la oración
<u>**Alaska is the largest state**</u>.

<u>Thanksgiving is in November.</u>

La siguiente oración es <u>**Thanksgiving is in November**</u>.
Mire las palabras e intente memorizar la ortografía:
<u>**T h a n k s g i v i n g   i s   i n   N o v e m b e r**</u>.

En una hoja de papel, por favor escriba la oración
<u>**Thanksgiving is in November**</u>.

<u>Congress meets in Washington, D.C.</u>

La siguiente oración es <u>**Congress meets in Washington, D.C.**</u>
Mire las palabras e intente memorizar la ortografía:
<u>**C o n g r e s s   m e e t s   i n   W a s h i n g t o n, D.C.**</u>

En una hoja de papel, por favor escriba la oración
<u>**Congress meets in Washington, D.C.**</u>

<u>come</u>

_______ come _______

_______ come _______

<u>Alaska is the largest state.</u>

Alaska is the largest state.

Alaska is the largest state.

<u>Thanksgiving is in November.</u>

Thanksgiving is in November.

Thanksgiving is in November.

<u>Congress meets in Washington, D.C.</u>

Congress meets in Washington, D.C.

Congress meets in Washington, D.C.

Citizens of states elect Senators.

La siguiente oración es **Citizens of states elect Senators.**
Mire las palabras e intente memorizar la ortografía:
C i t i z e n s   o f   s t a t e s   e l e c t   S e n a t o r s.

En una hoja de papel, por favor escriba la oración
Citizens of states elect Senators.

The capital is Washington, D.C.

La siguiente oración es **The capital is Washington, D.C.**
Mire las palabras e intente memorizar la ortografía:
T h e   c a p i t a l   i s   W a s h i n g t o n, D.C.

En una hoja de papel, por favor escriba la oración
The capital is Washington, D.C.

Freedom of speech is a right.

La siguiente oración es **Freedom of speech is a right.**
Mire las palabras e intente memorizar la ortografía:
F r e e d o m   o f   s p e e c h   i s   a   r i g h t.

En una hoja de papel, por favor escriba la oración
Freedom of speech is a right.

Most citizens vote.

La siguiente oración es **Most citizens vote.**
Mire las palabras e intente memorizar la ortografía:
M o s t   c i t i z e n s   v o t e.

En una hoja de papel, por favor escriba la oración
Most citizens vote.

Citizens of states elect Senators.

Citizens of states
elect Senators.

Citizens of states
elect Senators.

The capital is Washington, D.C.

The capital is
Washington, D.C.

The capital is
Washington, D.C.

Freedom of speech is a right.

Freedom of speech
is a right.

Freedom of speech
is a right.

Most citizens vote.

Most citizens vote.

Most citizens vote.

Mexico is south of the United States.

La siguiente oración es **Mexico is south of the United States.**
Mire las palabras e intente memorizar la ortografía:
Mexico is south of the United States.

En una hoja de papel, por favor escriba la oración
Mexico is south of the United States.

American Indians lived here.

La siguiente oración es **American Indians lived here.**
Mire las palabras e intente memorizar la ortografía:
American Indians lived here.

En una hoja de papel, por favor escriba la oración
American Indians lived here.

Citizens vote for Senators and the President.

The next sentence is: **Citizens vote for Senators and the President.**
Mire las palabras e intente memorizar la ortografía:
Citizens vote for Senators and the President.

En una hoja de papel, por favor escriba la oración
Citizens vote for Senators and the President.

Citizens come to vote.

La siguiente oración es **Citizens come to vote.**
Mire las palabras e intente memorizar la ortografía:
Citizens come to vote.

En una hoja de papel, por favor escriba la oración
Citizens come to vote.

Mexico is south of the
United States.

Mexico is south of the
United States.

Mexico is south of the
United States.

American Indians lived here.

American Indians lived here.

American Indians lived here.

Citizens vote for Senators and
the President.

Citizens vote for Senators and
the President.

Citizens vote for Senators and
the President.

Citizens come to vote.

Citizens come to vote.

Citizens come to vote.

Más práctica de escritura	6

1. Haz que un amigo o pariente te lea cada oración.

2. En una hoja de papel, escribe la oración.

3. Verifique si deletreó cada palabra correctamente.

Ejemplos

1	We pay taxes. (computer printed) We pay taxes. (hand-written print) We pay taxes. (hand-written script - long-hand)

Cuanto más practiques, mejor lo harás.

Oraciones 1 - 100

1	We pay taxes. We pay taxes. We pay taxes.
2	The flag is here. The flag is here. The flag is here.

3	Citizens can vote. Citizens can vote. Citizens can vote.
4	People can be free. People can be free. People can be free.
5	Alaska is a state. Alaska is a state. Alaska is a state.
6	Pay for the flag. Pay for the flag. Pay for the flag.
7	We want to vote. We want to vote. We want to vote.
8	Citizens pay taxes. Citizens pay taxes. Citizens pay taxes.

9	We lived in Canada. We lived in Canada. We lived in Canada.
10	Pay here for the flag. Pay here for the flag. Pay here for the flag.
11	Most people can vote. Most people can vote. Most people can vote.
12	Flag Day is in June. Flag Day is in June Flag Day is in June.
13	Pay for the largest flag. Pay for the largest flag. Pay for the largest flag.
14	The largest flag is free. The largest flag is free. The largest flag is free.

15	Senators vote for taxes. Senators vote for taxes. Senators vote for taxes.
16	One state is Delaware. One state is Delaware. One state is Delaware.
17	People want to be free. People want to be free. People want to be free.
18	Adams was President. Adams was President. Adams was President.
19	Washington is one State. Washington is one State. Washington is one State.
20	The Senators vote here. The Senators vote here. The Senators vote here.

21	Citizens elect the Senators. Citizens elect the Senators. Citizens elect the Senators.
22	Alaska is the largest state. Alaska is the largest state. Alaska is the largest state.
23	Alaska is north of Mexico. Alaska is north of Mexico. Alaska is north of Mexico.
24	Mexico is south of Canada. Mexico is south of Canada. Mexico is south of Canada.
25	Memorial Day is in May. Memorial Day is in May. Memorial Day is in May.
26	Independence Day is in July. Independence Day is in July. Independence Day is in July.

27	Labor Day is in September. Labor Day is in September. Labor Day is in September.
28	Columbus Day is in October. Columbus Day is in October. Columbus Day is in October.
29	The Senators want to vote. The Senators want to vote. The Senators want to vote.
30	The White House is white. The White House is white. The White House is white.
31	Delaware is north of Mexico. Delaware is north of Mexico. Delaware is north of Mexico.
32	Citizens vote in November. Citizens vote in November. Citizens vote in November.

33	Come to the White House. Come to the White House. Come to the White House.
34	Is Canada the largest state? Is Canada the largest state? Is Canada the largest state? (Canada is a country.)
35	American Indians can vote. American Indians can vote. American Indians can vote.
36	One Right is the right to vote. One Right is the right to vote. One Right is the right to vote.
37	The largest state is Alaska. The largest state is Alaska. The largest state is Alaska.
38	Thanksgiving is in November. Thanksgiving is in November. Thanksgiving is in November.

39	Citizens elect the President. Citizens elect the President. Citizens elect the President.
40	We the citizens elect Congress. We the citizens elect Congress. We the citizens elect Congress.
41	The White House is here. The White House is here. The White House is here.
42	American Indians in Alaska vote. American Indians in Alaska vote. American Indians in Alaska vote.
43	The second President was Adams. The second President was Adams. The second President was Adams.
44	The right to vote is one right. The right to vote is one right. The right to vote is one right.

45	Citizens want freedom of speech. Citizens want freedom of speech. Citizens want freedom of speech.
46	The President meets the people. The President meets the people. The President meets the people.
47	The White House is in the capital. The White House is in the capital. The White House is in the capital.
48	United States citizens pay taxes. United States citizens pay taxes. United States citizens pay taxes.
49	Is Washington, D.C. in Washington? (No.) Is Washington, D.C. in Washington? (No.) Is Washington, D.C. in Washington? (No.)
50	Congress meets in Washington, D.C. Congress meets in Washington, D.C. Congress meets in Washington, D.C.

51	California has the most people. California has the most people. California has the most people.
52	Presidents' day is in February. Presidents' day is in February. Presidents' day is in February.
53	Washington is on the dollar bill. Washington is on the dollar bill. Washington is on the dollar bill.
54	United States citizens can vote. United States citizens can vote. United States citizens can vote.
55	Lincoln lived in the White House. Lincoln lived in the White House. Lincoln lived in the White House.
56	The flag is red, white and blue. The flag is red, white and blue. The flag is red, white and blue.

57	American Indians lived in Alaska. American Indians lived in Alaska. American Indians lived in Alaska.
58	Freedom of speech is one Right. Freedom of speech is one Right. Freedom of speech is one Right.
59	California is south of Washington. California is south of Washington. California is south of Washington.
60	The President lives in Washington, D.C. The President lives in Washington, D.C. The President lives in Washington, D.C.
61	New York City has the most people. New York City has the most people. New York City has the most people.
62	Adams was the second President. Adams was the second President. Adams was the second President.

63	One Right is freedom of speech. One Right is freedom of speech. One Right is freedom of speech.
64	Freedom of speech is one Right. Freedom of speech is one Right. Freedom of speech is one Right.
65	Washington was the first President. Washington was the first President. Washington was the first President.
66	The first President was Washington. The first President was Washington. The first President was Washington.
67	The people lived in Washington. The people lived in Washington. The people lived in Washington.
68	People come during Thanksgiving. People come during Thanksgiving. People come during Thanksgiving.

69	We can come to the White House. We can come to the White House. We can come to the White House.
70	Canada is north of the United States. Canada is north of the United States. Canada is north of the United States.
71	Mexico is south of the United States. Mexico is south of the United States. Mexico is south of the United States.
72	Delaware is south of New York City. Delaware is south of New York City. Delaware is south of New York City.
73	New York City is in the United States. New York City is in the United States. New York City is in the United States.
74	Come during Independence Day. Come during Independence Day. Come during Independence Day.

75	Most people have one dollar bill. Most people have one dollar bill. Most people have one dollar bill.
76	New York City is the largest one. New York City is the largest one. New York City is the largest one.
77	New York City is north of Delaware. New York City is north of Delaware. New York City is north of Delaware.
78	The White House is in Washington, D.C. The White House is in Washington, D.C. The White House is in Washington, D.C.
79	The United States has fifty (50) states. The United States has fifty (50) states. The United States has fifty (50) states.
80	The President lives in the White House. The President lives in the White House. The President lives in the White House.

81	Washington is the Father of Our Country. Washington is the Father of Our Country. Washington is the Father of Our Country.
82	People come here for freedom of speech. People come here for freedom of speech. People come here for freedom of speech.
83	Congress has one hundred (100) Senators. Congress has one hundred (100) Senators. Congress has one hundred (100) Senators.
84	The White House has the largest flag. The White House has the largest flag. The White House has the largest flag.
85	We have the Right of freedom of speech. We have the Right of freedom of speech. We have the Right of freedom of speech.
86	The Father of Our Country is Washington. The Father of Our Country is Washington. The Father of Our Country is Washington.

87	Lincoln was President during the Civil War. Lincoln was President during the Civil War. Lincoln was President during the Civil War.
88	Alaska is the largest of the 50 (fifty) states. Alaska is the largest of the 50 (fifty) states. Alaska is the largest of the 50 (fifty) states.
89	People come to the United States to be free. People come to the United States to be free. People come to the United States to be free.
90	People want American Indians to vote. People want American Indians to vote. People want American Indians to vote.
91	The President meets people at the White House. The President meets people at the White House. The President meets people at the White House.
92	Citizens elect the President and the Senators. Citizens elect the President and the Senators. Citizens elect the President and the Senators.

93	The President and the Senators pay taxes. The President and the Senators pay taxes. The President and the Senators pay taxes.
94	During the Civil War the President was Lincoln. During the Civil War the President was Lincoln. During the Civil War the President was Lincoln.
95	American Indians lived first in the United States. American Indians lived first in the United States. American Indians lived first in the United States.
96	The capital of the United States is Washington, D.C. The capital of the United States is Washington, D.C. The capital of the United States is Washington, D.C.
97	American Indians lived in the United States first. American Indians lived in the United States first. American Indians lived in the United States first.

98	One President lived in Washington D.C. and New York City. One President lived in Washington D.C. and New York City. One President lived in Washington D.C. and New York City.
99	Presidents' Day and Memorial Day come before Thanksgiving. Presidents' Day and Memorial Day come before Thanksgiving. Presidents' Day and Memorial Day come before Thanksgiving.
100	The one hundred (100) Senators vote in Washington, D.C. The one hundred (100) Senators vote in Washington, D.C. The one hundred (100) Senators vote in Washington, D.C.

Información	7

Los nombres de los 2 senadores de los Estados Unidos de su estado:
www.senate.gov

______

El nombre de su gobernador de estado:
www.usa.gov/states-and-territories

______

El nombre de su Representante y el nombre del Presidente de la
Cámara de Representantes:
www.house.gov

______

Página web de los Servicios de Inmigración y Naturalización, que
incluye información sobre el Examen de Naturalización (Ciudadanía):
www.uscis.gov

______

Video de USCIS GRATIS de 16 minutos
Puede ver el video oficial de USCIS GRATIS de 16 minutos que tiene
un ejemplo de la entrevista en el siguiente sitio web:
https://www.uscis.gov/citizenship/learners/study-test (en la sección
"Recursos adicionales"("Additional Resourses") en la parte inferior de
la página, haga clic en "Entrevista de naturalización de USCIS y video
de prueba").("USCIS Naturalization Interview and Test Video")

Otro libro que te puede gustar

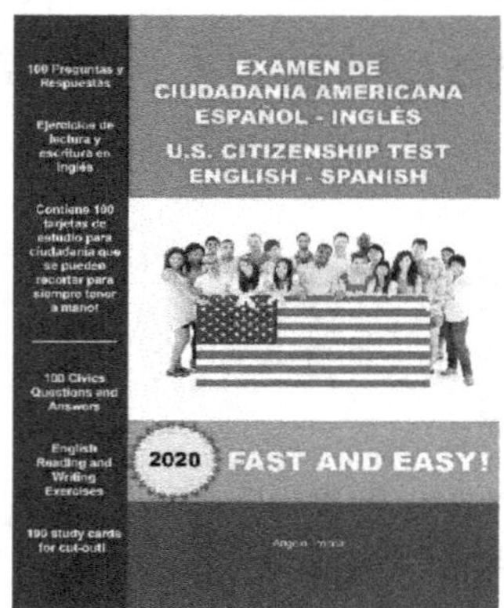

NEW! 2019-2020! SPANISH-ENGLISH book prepares you for the citizenship civics test!

It features the "QUIZ-STYLE" method for memorizing (Question on one page and the answer on the following page). Also includes ALL 100 OFFICIAL CIVICS CARDS that are designed to be cut out so that you can take them with you wherever you go! The 100 civics questions and answers are presented in 3 different ways:

- 1. Simple Question/Answer Style (each question followed directly with the answer). This way is helpful when you first start studying the questions and answers, It gives you a quick review of the questions and answers.

- 2. Quiz Style Questions and Answers (question on one page and the answer on the following page). This helps you test your memory and makes remembering the questions and answers both EASY and FUN!

- 3. CIVICS CARDS questions and answers that are formatted to be cut out and used for fast and easy learning.

This book provides exercises for both reading and writing and includes:

1. a complete list of the OFFICIAL words you must know how to read
2. a complete list of the OFFICIAL words you must know how to write
3. sentences for reading and writing practice
4. a list of helpful web addresses
5. a list of the 50 states and their capitals

Get this book now and prepare for the citizenship test - FAST and EASY!

<u>Another Book You May Like</u>

EASY TO USE AND GREAT STUDY GUIDE FOR THE NATURALIZATION TEST!

COVERS ALL 100 USCIS OFFICIAL QUESTIONS AND ANSWERS - and all 100 Civics Lessons with EASY ANSWERS!

Everything you need for the reading and writing sections, including all the vocabulary and easy-practice sentences. Everything you need to pass the exam!

Includes:

1. Description of Naturalization Interview with USCIS Officer

2. All 100 OFFICIAL Civics Questions and Answers provided by the USCIS (U.S. Citizenship and Immigration Services)

3. All 100 OFFICIAL USCIS detailed Civics Lessons

4. All OFFICIAL reading and writing vocabulary

5. Complete list of sentences for reading and writing practice

6. Names of all U.S. Senators, U.S. Representatives, State Governors, and State Capitals

7. Links for other helpful websites